TELETRABALHO E ARBITRAGEM: O FUTURO DO DIREITO TRABALHISTA

Maria de Fátima de Lima Pinel

Joel de Lima Pinel Junior

Rio de Janeiro

2017

INTRODUÇÃO

O objetivo do livro é apresentar uma visão geral do teletrabalho a partir do seu uso no mercado e de sua regulação na reforma trabalhista, bem como relacionar o teletrabalho com a arbitragem de litígios trabalhistas.

Arbitragem e teletrabalho têm em comum o fato de representarem modos mais contemporâneos de resoluções de problemas inerentes mercado. A arbitragem vem se desenvolvendo como um mecanismo flexível e célere de resolução de controvérsias. O teletrabalho vem se desenvolvendo como uma forma de prestação de serviço otimizada e envolvendo tecnologia de informação.

A combinação de teletrabalho e arbitragem pode representar o futuro do direito trabalhistas. Uma nova forma de prestação de serviço com uma nova forma de resolução de litígios alternativa ao caminho usual do Judiciário, sem necessidade de aderência ao território.

Talvez no futuro a própria arbitragem seja prestada preponderantemente na forma de teletrabalho. Contudo, este não é o tema do presente estudo, o que se objetiva é identificar os casos em que a legislação permite o uso da arbitragem em contratos individuais de teletrabalho.

Para tanto, no primeiro capítulo é apresentada uma visão geral do teletrabalho e no segundo capítulo apresentados os requisitos legais para a arbitragem em matéria de teletrabalho.

O livro cumpre sua função ao contribuir para a construção da segurança jurídica em matéria de teletrabalho e arbitragem, temas novíssimos e com muitas controvérsias no direito do trabalho. Bem como concluir que a desvinculação da arbitragem a determinado território pode representar a chegada de tutela jurídica a locais sem vara do trabalho, mas com centros de teletrabalho.

VISÃO GERAL DO TELETRABALHO

O objetivo deste capítulo é apresentar uma visão geral do teletrabalho, destacando seu conceito de teletrabalho, uma classificação dos diversos tipos de teletrabalho, o perfil do teletrabalhador e as atividades propícias ao teletrabalho.

O termo teletrabalho começou a ser utilizada no Brasil por tradutores de bibliografias estrangeiras, tais como NILLES, (1997), KUGELMASS (1996), HANDY(1996), TAPSCOTT(1997); RIFKIN (1995) e CRAWFORD(1994); GOLZEN (1991).

Na literatura especializada, há distinção entre teletrabalho e trabalho à distância. O trabalho à distância   é aquele desenvolvido   fisicamente,   longe do escritório convencional, mas sem que haja necessidade   de utilização de recursos de telecomunicação (TROPE,1997,p.36). O "teletrabalho" é aquele que requer o uso da tecnologia de telecomunicações para sua implementação.

A Fundação Européia para a Melhoria das   Condições de Vida e Trabalho (A European Foundation for the Improvement of Living and Working Conditions) utiliza a expressão teletrabalho para mostrar as modalidades múltiplas da natureza e localização do trabalho que utiliza redes de telecomunicações avançadas e técnicas de tratamento da informação.

Embora existam várias definições para teletrabalho, em todas encontramos três componentes críticos: o uso da tecnologia da informação, o deslocamento do local de trabalho e a não-rigidez do período de trabalho.

A Fundação Européia para a melhoria das condições de vida e trabalho sugere estabelecer o   limite mínimo de 20% do tempo formal de trabalho para que se possa   reconhecer esse trabalhador como teletrabalhador. Ela   conceitua teletrabalho como:

> Uma atividade desenvolvida por uma pessoa (subordinado, autônomo,
> trabalhador residencial) integralmente, ou parte   significante do tempo,
> próximo ou distante do local tradicional de trabalho para um empregador
> ou para um cliente, utilizando recursos de telecomunicações   enquanto
> característica central e essencial do trabalho.   http://www.ires.it/public/
> guida.htm

Tendo em vista que se proliferam as definições de teletrabalho, apresentaremos a
seguir, algumas delas:

> Teletrabalho é a substituição do trajeto de ida e volta do local de trabalho
> pelas telecomunicações e informática. Há   duas formas principais de
> teletrabalho: residencial e em centros de teleserviço. No teletrabalho
> residencial, o funcionário de uma empresa trabalha em casa em vez de ir
> ao escritório, possivelmente, com o auxílio de um microcomputador. No
> caso de centro de teleserviço, o funcionário trabalha num escritório que
> seja próximo a sua casa, em vez de no local de trabalho normal.
> teletrabalho é uma forma de teleserviço. (NILLES,1997,p.135)

> Trabalho que é realizado independentemente de horário e localização
> geográfica,   utilizando recursos como   telefone, fax,   computadores,
> correio eletrônico* e outras tecnologias telemáticas para realizar o trabalho
> e comunicar com os clientes e/ou empresa. (KUGELMASS,1996,p.33)

> É uma forma de organização do trabalho, que permite a deslocação da
> presença física dos executantes dos seus locais tradicionais de trabalho
> para outros algures, utilizando aparelhos adequados. Resulta da
> interligação entre as atuais tecnologias de informação e telecomunicação, e
> as noções de espaço geográfico, tempo e   horário, estabelecendo a
> extraterritorialidade do trabalho.
> Joana Modesto   (http://www.infocid.pt/ii/pub0009C.htm)

> Forma de trabalho efetuada em lugar distante do escritório central e/ou do
> centro de produção, que permita a sua separação física e que implique no
> uso de   uma nova tecnologia   que facilite a comunicação. (OIT -
> Organização Internacional do Trabalho - Genebra)

Uma atividade é caracterizada como teletrabalho, se forem respeitadas as seguintes condições: o local do desempenho da atividade é diferente do centro convencional de trabalho; utilização de ferramentas de telemática, para levar a cabo o trabalho; a atividade sistematicamente desenvolvida de forma remota e a existência de uma relação de trabalho baseada em um contrato exclusivo. (BRACCHI, CAMPODALL'ORTO, Universidade de Milão e Castellanza)

Trabalho realizado em casa por encomenda da Empresa, com ou sem vínculo empregatício. Trabalho plugado nos avanços da tecnologia da informação. (BETTING,1997,03/08/97).

Das diversas definições de teletrabalho acima apresentadas pode-se concluir que embora ainda não exista um consenso para uma definição exata do termo teletrabalho, todas têm um ponto em comum, a utilização de recursos telemáticos.

A União Européia distingue os seguintes tipos de teletrabalhodores (http://www.ires.it/public/guida.htm): (1) Teletrabalhador doméstico em tempo integral para um empregador; (2) Teletrabalhador doméstico em tempo parcial;(3) Teletrabalhador doméstico free-lance;(4) Teletrabalhador móvel; (5) Teletrabalhador deslocado (centro satélite); (6) Teletrabalhador de telecottage.

O teletrabalhador doméstico em tempo integral para um empregador realiza pequenos trabalhos de escritório como recepção e tratamento de dados, digitação, resposta de formulários, secretaria para recados telefônicos, televendas e trabalhos administrativos desenvolvidos tradicionalmente nos escritórios. Os teletrabalhadores residenciais em tempo integral são considerados trabalhadores independentes e são remunerados de acordo com a produtividade, embora para um único empregador.

O teletrabalhador doméstico em tempo parcial desenvolve suas atividades no domicílio do teletrabalhador, na firma, no escritório dos clientes e no local onde eles colocam o teletrabalhador para trabalhar. O Teletrabalhador pode alternar de um a dois dias da semana na firma e de um a dois dias no escritório do cliente. Esses trabalhadores são geralmente empregados e possuem uma qualificação elevada. Verificou-se que os executivos ficam mais tempo na firma em contato com os seus subordinados, enquanto os outros trabalham por períodos mais longos no escritório dos clientes.

O teletrabalhador doméstico free-lance desenvolve trabalhos mais qualificados, como: jornalismo, editoria, traduções, projetos e consultoria. Nasceu com a tecnologia da informação, com a publicação ajudada pelo computador, criação de banco de dados, marketing direto e outras atividades ligadas à informática. Esta modalidade de teletrabalhador está tendo uma difusão discreta na Europa. São as empresas que trazem   grandes recursos para que o free-lance aconteça. Em geral, a maioria deles são mulheres com assistentes, altamente qualificadas e possuem   outros   rendimentos,   não   dependendo unicamente desse tipo de trabalho para sobreviver.

O teletrabalhador móvel fica sempre em contato com a empresa, em qualquer momento e em qualquer lugar, através da telemática, das tecnologias de informação. Os teletrabalhadores móveis são, acima de tudo, homens jovens, livres de compromissos familiares, com horário de trabalho semanal que geralmente supera as 60 horas. Os teletrabalhadores móveis desenvolvem atividades que não requerem ida constante à Empresa. O contato com a firma deve ser possível em qualquer circunstância e, muito freqüentemente, de forma a poder responder as urgências e alterar informações em tempo real.

O teletrabalhador deslocado (centro satélite) mantém relação individual com o empregador do trabalho, em que há distância entre o local do teletrabalho e do empregador. Por exemplo: o empregador   pode descentralizar as tarefas de retaguarda do escritório em direção à periferia porque os aluguéis nestes locais são mais baratos, ou porque podem dispor de pessoas que desejem trabalhar meio período próximo a seus domicílios. Em outros casos, o deslocamento diz respeito à transferência de algumas funções em outras regiões ou países onde estão instaladas algumas filiais que fazem subcontratos   de trabalhos específicos com colaboradores especializados. Essa forma é constituída, geralmente, de mão-de-obra feminina que se interessa por   atividades   que requerem baixas qualificações profissionais,   como a datilografia, entrada de dados (digitação) e secretaria eletrônica. Essa forma de teletrabalho pode representar uma perspectiva de desenvolvimento   econômico para essas regiões com uma   alta taxa   de desemprego, zonas rurais que vivem de atividades ligadas ao   turismo ou de regiões que vêm, ao longo do tempo, modificando suas atividades produtivas.

A forma de teletrabalho telecottage é originária dos países escandinavos, mas tem também aplicação em numerosos países europeus. Seu funcionamento é muito semelhante ao de uma cooperativa. Em geral,   é promovida pelo governo local ou pela comunidade ou grupo de pessoas que,   no plano local,   perseguem um objetivo de ordem social e econômica variado. Em outras palavras, pessoas, cujo objetivo é   melhorar a integração social das comunidades locais e dar encorajamento a   uma   economia de solidariedade, através do   acesso das comunidades locais às tecnologias da informação: o fornecimento de serviços baseados nas tecnologias de informação para as Empresas locais; a organização de cursos de formação pelo uso dessas tecnologias; o incentivo de criação `as novas empresas;   a criação de oportunidades de   trabalho a nível local e a instalação de criação de creches.   O telecottage pode assumir a mesma função de uma agenciadora de empregos, contratando pessoas para executar trabalhos nos próprios centros ou em sua residência e podendo estipular contratos com os   empregadores locais ou não. Os telecottages podem ter uma função de intermediação, promovendo reuniões   entre teletrabalhadores e empregadores potenciais. Além disso, podem ser alugados centros de telecottages com estrutura computacional telemática, seja por teletrabalhadores já ocupados ou aqueles que desejem entrar parcial ou totalmente no circuito de teletrabalho. Os telecottages se diferenciam   dos telecentros,   a partir do momento em que dispõem de estruturas para os teletrabalhadores, como creches e centros recreativos.

A reforma trabalhista capitaneada pela Lei nº 13.467, de 2017, inseriu o artigo 75-B na Consolidação das Leis do Trabalho (CLT), apresentado um conceito legal de teletrabalho:

> Art. 75-B.Considera-se teletrabalho a prestação de serviços
> preponderantemente fora das dependências do empregador, com a

utilização de tecnologias de informação e de comunicação que, por sua natureza, não se constituam como trabalho externo.

Parágrafo único. O comparecimento às dependências do empregador para a realização de atividades específicas que exijam a presença do empregado no estabelecimento não descaracteriza o regime de teletrabalho.

Ao comparar a definição legal de teletrabalho adotada pela CLT com a classificação da União Europeia dos tipos de teletrabalhodores, percebe-se que apenas quatro tipos de teletrabalhador foram alcançados pela proteção da legislação trabalhista: Teletrabalhador doméstico em tempo integral para um empregador; Teletrabalhador doméstico em tempo parcial; Teletrabalhador móvel e Teletrabalhador deslocado (centro satélite).

O teletrabalhador doméstico free-lance está excluído pela ausência de pessoalidade e subordinação do prestador do serviço e o teletrabalhador telecottage na verdade faz um contrato de sociedade ou associação, não um contrato de trabalho.

Sobre o perfil. do teletrabalhador, as qualidades fundamentais para um teletrabalhador são: a experiência, auto-suficiência, sensação notável de autoestima, desejo e habilidades de autodisciplina. (CURTI,1995,p.3) Em outras palavras, ou seja, os melhores teletrabalhadores são os funcionários eficientes, independentes, com bastante conhecimento sobre o trabalho que será executado, auto-motivados, com autodisciplina e com forte inclinação ao trabalho individual. Funcionários que constantemente requerem instruções são pessoas que não possuem perfil para o teletrabalho.

Para o desempenho do teletrabalho, Curti, Nilles, Kugelmass e Modesto sugerem a formação de todo um contexto, formado pelos seguintes elementos: (1) Ambiente doméstico; (2) voluntariedade; (3) motivação; (4) experiência; (5) conhecimento da empresa.

No ambiente doméstico o ideal é que o ambiente residencial esteja estruturado para que se desenvolva o teletrabalho: uma área reservada especificamente como área de trabalho, com os recursos necessários alocados de forma totalmente independente dos demais membros da família, de modo a evitar as interferências do ambiente doméstico no desenvolvimento do teletrabalho;

Voluntariedade - é importante que seja do interesse do teletrabalhador trabalhar em casa, pois as experiências com esse tipo de situação têm demonstrado que os teletrabalhadores que são forçados pela Empresa a trabalhar em casa, manifestam sua insatisfação de várias maneiras: através de reclamações aos órgãos de classe, baixa produtividade e falta de cooperação com os demais colegas de trabalho e superiores;

Motivação - quanto maior o entusiasmo, maior será a adaptação ao desenvolvimento do teletrabalho. Essa é uma das condições básicas para que o teletrabalho possa se desenvolver com sucesso. A motivação pode partir do próprio teletrabalhador ou externamente, da Empresa;

Experiência - um trabalhador que já tenha experiência no serviço terá mais condições profissionais (autonomia, conhecimento, independência, realização) para desenvolver esse mesmo serviço em casa;

Conhecimento da Empresa - o teletrabalhador que conhece bem o funcionamento da Empresa, terá ampla facilidade para resolver os problemas rotineiros que se apresentam no dia a dia, quando trabalha em casa.

A IBM, quando em um processo de avaliação de um teletrabalhador em potencial, prioriza que o mesmo tenha a capacidade para suportar a solidão (TROPE, 1997,p. 59). KUGELMASS (1996,p.109) cita SHARP (1988,p.61), que em sua tese de doutorado apresenta um estudo psicológico feito com os teletrabalhadores. Descobriu que eles não eram mais autônomos nem mais organizados, nem menos sociáveis que os não-teletrabalhadores. Ou seja, o único requisito verificado nos considerados bons teletrabalhadores era a vontade, um desejo maior de entender o serviço que os trabalhadores convencionais. É interessante também notar que os teletrabalhadores nesse estudo também eram mais leais ao empregador do que os não teletrabalhadores, exatamente o oposto do que afirma a psicologia popular.

Correspondendo ao desenvolvimento do teletrabalho pelo empregado, está acompanhada a (tele)administração pelo empregador. O importante na adoção do teletrabalho é a mudança no estilo administrativo (MOTTA,1992,p.21).

As inovações tecnológicas acarretam modificações profundas nas estruturas sociais com reflexos no funcionamento das organizações. Nilles vai além dizendo que uma das questões centrais do gerenciamento do teletrabalho é a mudança de prioridades(NILLES, 1997,p.100). Ao invés de por em foco o número de horas trabalhadas, dá-se mais atenção a questões ligadas ao desempenho.

O verdadeiro segredo do Teletrabalho bem sucedido está na confiança mútua estabelecida entre o gerente e seu subordinado. Mas, grande parte das empresas que adotam o Teletrabalho ainda continuam amarradas aos mecanismos clássicos de controle: baseados na supervisão da presença física e no controle do tempo utilizados pelo trabalhador. Este mecanismo baseia-se em dois tipos de controles: regras (o que fazer) e observação visual do processo de trabalho (como fazer).

Algumas empresas japonesas e inglesas instalaram videofones nas residências de seus teletrabalhadores, com o objetivo de controlá-los, pois muitos dos administradores sentem perda de controle quando os empregados não estão em contato próximo (TROPE,1997,p.79).   Quando um funcionário está sentado em sua mesa de trabalho, não significa que ele esteja produzindo. O teste eficaz para avaliar a produção do funcionário é o resultado.

As transformações tecnológicas que interligam nossos locais de trabalho requerem flexibilidade no modo de organizar o trabalho e administrá-los: "Para que os trabalhadores mudem suas maneiras de trabalhar, os gerentes terão que mudar a maneira como gerenciam" (KUGELMASS,1996,p.122).

A prática organizacional costumava determinar que o trabalho da maior parte da organização fosse descrito   e definido, portanto, cuidadosamente monitorado e controlado (HANDY,1996,p.12).

Hoje as organizações precisam ser administradas especificando os tipos de resultados que são requeridos e os critérios para a iniciativa bem sucedida.   Por mais clara que possa parecer, essa filosofia de   administração marca uma descontinuidade importante: a maioria de nós não está   acostumada a gerir organizações   por resultados, mas sim a gerenciar   baseados na visão da Administração Científica de Taylor, ou seja, que o trabalhador não tem capacidade nem formação para estabelecer qual o método ou processo para execução de um trabalho.

É o deslocamento da responsabilidade da organização do trabalho do subordinado para o gerente, devendo este fazer todo o planejamento do trabalho e deixar a implementação para os seus subordinados. É a separação entre o pensar e agir. A administração por objetivos supervisiona resultados e não processos (atividades).

A maioria dos administradores se sente mais à vontade quando pode controlar os métodos, os meios e não os fins.   Renunciar, especificar critérios de sucesso, confiar nas pessoas para utilizar os próprios métodos   a fim de alcançar seus próprios objetivos pode ser desconfortável. É sobretudo desconfortável,   quando percebemos que a administração por resultados significa que erros podem ser cometidos.

A administração por objetivos, ao invés da monitoração da atividade, foi adotada pelo Pentágono há mais de 30 anos, e tornou-se   aceita na maioria das corporações americanas, inclusive no exército.

Na economia   do conhecimento, o tempo é flexível e o ritmo próprio substitui a velha necessidade da sincronização de massa. Ao permitir que seus funcionários empreendedores, criativos e intuitivos, se autogerenciem, as empresas terão um

Teletrabalhador mais produtivo, e sua   revitalização ocorrerá de dentro para fora (KUGELMASS,1996,p. 126).

É fácil perceber que algumas funções são perfeitas ao teletrabalho, e outras são péssimas candidatas. Nilles exemplifica mostrando que um escritor provavelmente será um bom Teletrabalhador, mas que um motorista de ônibus não daria certo.

A questão é com que eficiência você pode realizar algumas ou todas as tarefas em casa e quanto precisa ser feito no escritório. Avalie quanto tempo você não precisa ficar no escritório para desempenhar cada uma de suas tarefas.   Os outros itens também deverão serem analisados (NILLES,1997,p. 35):

> a) A não-exigência de contato físico direto - avalie quanto da realização exige contato direto entre o realizador e outras   pessoas, se esse contato pode ser substituído pelo telefone, fax, correio eletrônico, teleconferência ou papel;
> b) Não-dependência do local - atividade que, para desempenhá-la necessitamos de recurso que,   por sua natureza, não seja passível de locomoção;
> c) Freqüência das interações entre a firma e o empregado - tráfego das comunicações entre trabalhador e firma, quantificado empiricamente (número total de contatos mensais) não se elevar relativamente com o trabalho remoto; e,
> d) Quantidades de funções remotas - grande maioria das funções que os trabalhadores desempenham, parcial ou integralmente; na maioria das vezes pode ser feita remotamente, ou seja, fora do ambiente convencional. É muito raro exercer uma função em que nenhuma das atividades que a compõem, em nenhum momento, não seja propícia ao teletrabalho.

Várias centenas de tipos de atividades que são compatíveis com o teletrabalho foram recenseadas nos Estados Unidos. BLASCO é citado por TROPE (1997,p.39) quando exemplifica e enumera esses tipos de atividades :

> Recursos Humanos - administração de pessoal, recrutamento e gestão da formação;

Comunicação - acompanhamento de marcas, lançamento de campanhas institucionais, retorno da mídia, preparação de eventos;

Contabilidade/Finanças/Auditoria - tratamento de faturas, contabilidade, preparação de relatórios e auditorias, gestão de tesouraria;

Comerciais e marketing - administração de vendas, gestão pós-venda, preparação de estudos e acompanhamento de mercado;

Informática - desenvolvimento de sistemas, manutenção de sistemas;

Planejamento - estudos estratégicos;

Jurídica - preparação e acompanhamento de contratos, regulamentos e procedimentos;

Organizacional -   estudos gerais, elaboração de procedimentos, implementação de método;

Logística - planejamento, mercado de fretes, inspetores;

Qualidade -   preparação e acompanhamento de auditorias e planos de certificação.

Outra característica do teletrabalho é a flexibilização de tempo e espaço, em que o local de prestação do serviço é flexível assim como flexível a jornada de trabalho.

Fontes como TOFLER, NILLES, KUGELMASS, SONNTAG, TAPSCOTT, RIFKIN, A European Foundation for the Improvement of Living and Working Conditions indicam que o teletrabalho pode ser realizado em casa ou em centros de trabalho remoto (uma instalação convenientemente localizada e com recursos necessários para trabalhadores que não podem, por razões próprias ou da empresa, ou não queiram, trabalhar em casa). Podem servir como centros de trabalho remoto:

Centros Comunitários - são microcentros de trabalhos remotos que oferecem espaço e recursos para os empregados (de um só ou diferentes empregadores) que vivem dentro de uma área contígua, restrita;

Centros Locais - abrigam pessoas que trabalham para diferentes empregadores que formam uma parceria para estruturar e manter as instalações de trabalho remoto. Esse tipo de Centro tem tido problemas de segurança. As empresas convidadas a participar de um centro de trabalho cooperativo temem que seus dados confidenciais tornem-se vulneráveis. Na Suécia há regras que proíbem duas empresas do mesmo ramo de participarem ao mesmo tempo do mesmo centro;

Centro Satélite ou   Centro de Teleserviços -   descreve um centro de trabalho remoto que abriga pessoas trabalhando para um só empregador. Os centros satélite são uma aplicação nova para uma velha tendência `a descentralização. Nos Estados Unidos, a Pacific Bell opera centros de trabalho satélite em San Francisco (para evitar o congestionamento do transporte para a matriz localizada no outro lado da Baía de San Francisco). Outra empresa americana, com sede em Los Angeles, transferiu seu pessoal de escritório, que trabalhava na matriz, para uma operação satélite. Estes centros se diferem dos escritórios tradicionais, pois existe uma preocupação com a geografia da cidade na escolha destes   em harmonia com a localização das residências dos teletrabalhadores de centros satélites. Os teletrabalhadores   trabalham juntos, não porque exercem uma mesma função dentro da Empresa e sim porque moram próximos (NILLES,1997,p. 28);

Domicílio, Residencial ou Home-Office - é o trabalho que é desenvolvido na própria residência do trabalhador. Já em 1988, um relatório produzido pelo Henley Centre for Forecasting (Centro Henley de Previsões),   da Inglaterra, previu que em meados de 1990, aproximadamente a metade da força de trabalho poderia estar fazendo algum tipo de teletrabalho - trabalhando em casa e comunicando-se com o escritório por meio de fax ou computadores   ligados a uma base de dados (GOLZEN,1991,p.5). Estima-se que em 1995, nos Estados Unidos, 8   milhões de pessoas TeleTrabalhem (RIFKIN,1995,p.163);

Escritórios Turísticos - utilizados por empresas japonesas, são localizados em áreas bem procuradas para férias. Abrigam profissionais, às vezes suas famílias, sempre com seus grupos de trabalho, de duas a quatro semanas. Aí, suas atividades misturam trabalho e recreação; muitas vezes um grupo fica no hotel desenvolvendo um projeto. O escritório turístico oferece um escape ao stress causado pelo trabalho (KUGELMASS,1996,p. 37);

Escritórios Virtuais – são escritórios que funcionam logicamente como um escritório, com recursos telemáticos, podendo ser móveis ou fixos.

Hoteling - utilização espacial onde os empregados podem reservar espaços na workstation de um escritório tradicional, uma mesa ou uma sala de reunião, etc. Hoteling é a forma de reservar espaço, muito semelhante a uma reserva de um quarto em um hotel, muito utilizado em empresas de auditoria externa e consultoria;

Móvel - trabalho que é efetuado em pequenos períodos de tempo, em locais às vezes móveis, como por exemplo, bicicletas, carros, hotéis, aviões, clientes de uma forma geral, etc., utilizando recursos telemáticos também móveis: laptops, telefone celular, impressoras, etc. Como exemplo de Teletrabalhador móvel citamos Steve Roberts, que edita High-Tech Nomadness enquanto viaja pelas estradas numa bicicleta onde estão instalados seus equipamentos (TAPSCOTT,1997,p.27);

Telecabanas - são utilizadas com as mais variadas finalidades: áreas rurais carentes de empregos, locais bem distantes do empregador, que servem para conseguir uma força de trabalho que de outro modo não conseguiria contatar, gerar novos empregos onde eles são necessários, aproveitar o preço mais baixo da terra, da mão-de-obra e de moradia para os empregados. Hoje as telecabanas funcionam na Noruega, Japão, Inglaterra, Escócia, Irlanda, Austrália, Benin, Índia, Indonésia, Nigéria, Papua, Nova Guiné, Sri Lanka, Suécia, Tanzânia. Nos Estados Unidos, muitas empresas montaram telecabanas. A empresa Norrel Company, uma agência de emprego temporário, abriu cabanas em Atlanta, Geórgia e MemphisTennessee. As empresas, individualmente ou em conjunto, estão abrindo centros tecnologicamente avançados de emissão de faturas, preenchimento de dados e de cartões de crédito no centro-oeste, onde a terra e os imóveis são mais baratos, existe mão-de-obra disponível e os salários são mais baixos (KUGELMASS,1996,p.34). Ele ainda ressalta que os dados são enviados eletronicamente para esses centros, portanto não se trata de cabanas no sentido físico; são empresas de porte médio e grande;

Telecottage - é uma estrutura criada muitas vezes por iniciativa da administração pública ou da comunidade, para facilitar o acesso ao trabalho, tecnologia e treinamento dessa mesma comunidade local. Iniciou-se na Suécia, mas hoje existe uma grande quantidade de telecottages, principalmente na Europa e Japão. Só no Reino Unido existem cerca de 200 telecottages (http://www.mtanet.co.uk/).

O Horário Flexível refere-se ao emprego do tempo integral em horários que diferem do esquema semanal padrão. As formas de horário flexível incluem (KUGELMASS, 1996,p.31):

Banco de Horas - permite que os empregados façam crédito de horas, que podem depois usar para compensar folgas;

Semana Comprimida - os empregados fazem 40 ou 80 horas de trabalho, em menos de 5 ou 10 dias;

Tempo Principal - os empregados precisam estar no trabalho em determinados horários durante todos os dias;

Saídas Não-Remuneradas - os empregados podem sair por um período, sem remuneração, sempre que a carga de trabalho permitir;

Programas de Horário Flexível Fixo - os empregados escolhem entre horários alternativos predeterminados;

Flexibilidade Rotativa - os empregados escolhem a hora de começar e a hora de sair, por um período de tempo, mas isto pode variar de período para período;

Horário Flexível Integral - os empregados tomam decisões independentes sobre a combinação de horários, que totalize quarenta horas por semana ou oitenta horas por quinzena;

Horário Flexível Diário - o horário de entrar e de sair do trabalho pode variar de um dia para o outro;

Maxiflexibilidade – não-exigência de tempo principal;

Tempo de Projeto - os empregados são responsáveis por completar um projeto, não por trabalhar um determinado número de horas;

Horário de Trabalho Coordenado - o empregador determina a que hora cada empregado entra e sai do trabalho.

O regramento do teletrabalho pela Consolidação das Leis Trabalhistas acolhe esta flexibilidade do tempo e do espaço, na medida em que o comparecimento às dependências do empregador para a realização de atividades específicas que exijam a presença do empregado no estabelecimento não descaracteriza o regime de teletrabalho, e os empregados sob o regime de teletrabalho não estão submissos às regras comuns acerca da jornada de trabalho.

Embora um volume substancial de teletrabalho pode ser realizado eficazmente apenas com um telefone (NILLES,1997.p.73), geralmente, o equipamento necessário para a realização do trabalho é composto de uma linha telefônica, um computador pessoal, uma secretária eletrônica para recados, um fax, um modem, correio eletrônico, e uma linha pública ou privada de dados.

O levantamento das vantagens e desvantagens é fruto de uma coleta de dados que obtivemos não só dos estudiosos do assunto, Nilles, Kugelmass, Toffler, Patricio de Nicola, A European Foundation for the Improvement of Living and Working

Conditions, Trope, como também do resultado dos levantamentos das aplicações e pesquisas de teletrabalho no mundo.

Sob a perspectiva do teletrabalhador, são indicadas as seguintes vantagens:

Aumento da   produtividade: está comprovado que   o teletrabalhador precisa de   menos tempo para produzir,   em casa, o que produziria no escritório.

Diminuição do stress: o teletrabalhador não necessita deslocar-se para o trabalho, portanto,   além de ganhar tempo que antes era gasto em deslocamento, diminui a tensão provocada pelo mesmo.

Ausência de competição, diferente de um ambiente convencional,   não-competitivo,   o teletrabalhador não necessita conviver face a face com pessoas indesejadas, nem em clima de competição;

Desenvolvimento das atividades: pode muitas vezes ser ditada   pelo próprio bioritmo do trabalhador; ele pode estabelecer o melhor horário e ritmo para o desenvolvimento do seu trabalho;

A quantidade de interrupções e interferências em casa é menor que no ambiente de um escritório convencional;

Ambiente domiciliar propicia ao teletrabalhador uma maior capacidade de concentração;

Muitas vezes o   acesso   é mais rápido ao computador central: durante períodos de baixa atividade na empresa, quando o compartilhamento de recursos diminui (menos usuários utilizando o sistema);

Devido aos critérios de avaliação, por parte da gerência de se basear em resultados,   o teletrabalhador se sente menos pressionado durante a execução   das tarefas que o critério da observação; deste modo, o teletrabalhador pode desenvolver as atividades de maneira mais autônoma e independente.;

Conhecimento mais explícito do conteúdo do trabalho e produção;

Maior flexibilidade   na escolha de sua residência, desvinculando-a da localização física de sua empresa;

Melhoria da qualidade de vida em família;

Maior opção de organizar o tempo livre;

Redução de custos com alimentação, vestuário e deslocamento;

Retorno mais rápido depois de uma licença médica;

Aumento do número de empresas em que o trabalhador pode oferecer o seu trabalho;

No caso de um trabalhador ser um portador de deficiências físicas, que impliquem em dificuldade de deslocamento, é um novo mundo de perspectivas profissionais que se abre para ele.

Sob a perspectiva do empregador, são indicadas as seguintes vantagens:

Redução de custos imobiliário e pessoal: verifica-se uma   diminuição do espaço do escritório necessário,   com reflexos em todos os custos inerentes ao funcionamento dele. Bueno   (TROPE ,1997,p.42) cita estudos americanos, segundo os quais a redução de custos da empresa, quando o funcionário passa a trabalhar em sua residência, pode chegar a 30% do gasto médio mensal por trabalhador, caindo de US$ 20,000 para US$ 14,000 anuais. Só para exemplificar, a Ernest Young (Nova York), reduziu seu espaço físico de 35 para 28 mil metros quadrados e instituiu um programa de hotelaria, que estudaremos no próximo capítulo;
Diminuição do absenteísmo por parte dos empregados: a grande variedade de   doenças e outros impedimentos físicos são suficientemente graves para impedir o teletrabalhador de ir ao escritório, mas não tão graves que não possam trabalhar em casa;
Maior alcance na seleção de teletrabalhadores, em decorrência do acesso a trabalhadores de mercados globais;
Oportunidade da empresa operar 24 horas globalmente;
Maior identificação e enfoque com a comunidade;
Em casos de catástrofes   que não impliquem   em bloqueio de telecomunicações, as atividades desenvolvidas pelos teletrabalhadores não são descontinuadas;
Maior agilidade no funcionamento da Empresa, em relação ao mercado;
Aumento da flexibilidade organizacional: a flexibilidade quer horária, quer geográfica permite uma maior capacidade de resposta por parte da Empresa, em situações de emergência;
Menor rotatividade de pessoal, diminuição de problemas pessoais;
Grande abrangência de tarefas para a sua aplicação.

Para a sociedade em geral e o governo, o teletrabalho apresenta as seguintes vantagens:

Geração de empregos, devido à possibilidade de implementar projetos que viabilizem atender mercados globais;

Diminuição de congestionamento nas cidades;

Redução da poluição, com a diminuição do tráfego e congestionamento, possibilitando uma melhoria da qualidade do ar;

Redução de consumo de combustível e energia;

Maior utilização de mão-de-obra de deficientes físicos;

Maior utilização de mão-de-obra incapacitada temporariamente;

Maior quantidade de empregos em áreas rurais;

Maior alcance para oferecimento de seus serviços, através do acesso ao mercado global;

Diminuição nos valores dos imóveis praticados pelo mercado imobiliário: a possibilidade de os trabalhadores viverem fora das grandes cidades, irá diminuir a procura por habitação em zonas urbanas, com a conseqüente redução dos preços dos imóveis.

Sob a perspectiva do teletrabalhador, as seguintes desvantagens são indicadas:

Isolamento social. Para ajudar a aliviar o trauma psicológico que acompanha o rompimento espacial, empresas como a Olivetti Research Laboratory, em Cambridge, Inglaterra, estão fazendo experiências com computadores que permitem que até cinco pessoas conversem e trabalhem juntas, numa visão eletrônica da comunicação pessoal. Cada tela do monitor é equipada com cinco janelas separadas, para que os participantes possam ver-se uns aos outros, enquanto compartilham informações e trabalham em conjunto. Com computadores de mesa acoplados a monitores de vídeo, as empresas esperam resgatar parte da flexibilidade e do calor humano perdido com a comunicação eletrônica (RIFKIN,1995,p.164).

Oportunidades de carreira reduzidas;

Aumento dos custos relacionados ao trabalho em casa, se a empresa não arcar com eles;

Em caso de cortes na Empresa, maior probabilidade de ser demitido. Está comprovado que os teletrabalhadores correm muito mais risco de serem demitidos, devido a falta de envolvimento emocional com o nível hierárquico superior;

Falta de lei específica para tratar toda a relação complexa do teletrabalho.

Sob a perspectiva do empregador, são indicadas as seguintes desvantagens:

Falta de lealdade para com a empresa: alguns empregadores alegam que o teletrabalho não retém o empregado na empresa. As pesquisas mais atuais já começam a provar o contrário (item 3.5.2);
Objeções por parte de alguns sindicatos;
Aumento de vulnerabilidade em relação aos dados e recursos da Empresa;
Aumento de custos a curto prazo, em relação à infra-estrutura necessária de uma administração/execução de tarefas remotas;
Falta de leis específicas que definam o funcionamento do teletrabalho;
Contratos diversificados de trabalhos para administrar;
Sob o aspecto técnico, softwares muitas vezes incompatíveis; fornecedores diferentes;
O desenvolvimento do trabalho é fortemente dependente de tecnologia.

Apresentadas as vantagens e desvantagens do teletrabalho, é possível alcançar uma visão geral do teletrabalho, que envolve mudanças de comportamento tanto por empregadores quanto por empregados. As novas formas de organização do trabalho em teletrabalho exigem, por parte dos administradores das organizações, adotar procedimentos diferentes aos utilizados anteriormente, em relação ao local, horário de funcionamento e, conseqüentemente, ao estilo de administração.

Devido às especificidades do teletrabalho em relação às demais formas trabalho, entende-se que uma expertise quanto ao assunto pela autoridade julgadora pode propiciar uma solução mais justa do conflito. Por este motivo, o próximo capítulo trata da legalidade do uso da arbitragem em matéria de teletrabalho.

RAZÕES PARA ARBITRAGEM EM MATÉRIA DE TELETRABALHO

Neste capítulo o objetivo é demonstrar como a arbitragem pode contribuir para o aprimoramento do teletrabalho e para sua segurança jurídica.

No capítulo anterior foi visto que das diversas definições de teletrabalho presentes na literatura especializada, todas têm um ponto em comum, a utilização de recursos telemáticos.

No mesmo caminho segue o artigo 75-B da Consolidação das Leis Trabalhistas, incluído pela Lei nº 13.467, de 2017, segundo a qual a nota distintiva do teletrabalho em relação ao trabalho externo seja a utilização de tecnologias de informação e de comunicação que permita a prestação do serviço preponderantemente fora das dependências do empregador.

A segurança jurídica do teletrabalho depende em parte da interpretação dos recentes dispositivos legais oriundos da reforma trabalhista. A tarefa hermenêutica mais aprofundada se justifica pela própria redação dos dispositivos legais, que apresenta certa dificuldade para revelar suas regras jurídicas.

No próprio artigo 75-B já aparece um primeiro ponto de inflexão a respeito teletrabalhador deslocado, aquele que em que o local de trabalho é um centro satélite, provisionado pelo empregador, onde o empregado comparece para realizar suas tarefas.

A questão é saber se o fornecimento dos equipamentos tecnológicos e da infraestrutura necessária à prestação do trabalho remoto por meio de um centro satélite revela a prestação de serviço nas dependências do empregador. O centro satélite constitui uma dependência do empregador?

Outro problema jurídico diz respeito ao grau de especificação das atividades que serão exercidas pelo empregado sob regime de teletrabalho no contrato de trabalho e a necessidade de periódica alteração das tarefas.

A questão é saber se a mudança de tarefas necessariamente implica mudança do contrato individual de trabalho. Até onde devem ser especificadas as tarefas do teletrabalhador?

Outras questões jurídicas são identificar a responsabilidade do empregador por doenças e acidentes de trabalho de teletrabalhador, realizar o controle do contrato realidade, avaliação de provas em litígios envolvendo teletrabalho.

Todas estas questões jurídicas requerem certa expertise quanto ao teletrabalho que extrapolam o mero conhecimento do Direito, motivo pelo qual a seleção de um árbitro especialista no assunto pode trazer maior segurança jurídica que o julgamento por juiz do trabalho. Por este motivo, é importante identificar se há legalidade na opção pela arbitragem em matéria de teletrabalho.

Assim, devido à necessidade de expertise em tecnologia de informação e em teletrabalho, a arbitragem representa um mecanismo de segurança jurídica apto à contribuir para a interpretação dos dispositivos da reforma trabalhista que não são claros quanto ao regramento do instituto.

É importante ressaltar que relação jurídica processual entre partes e juiz não se identifica com a relação jurídica arbitral principalmente quanto ao critério da sujeição das partes à autoridade julgadora.

Na relação jurídica processual a sujeição das partes ao juiz tem como consequência em matéria de processo que a flexibilidade procedimental seja determinada pelo Juízo, não pelas partes. Por outro lado, o árbitro é obrigado a seguir a convenção de arbitragem, que pode incluir flexibilidade procedimental e delimitações consensuais devem ser respeitadas, sob pena de nulidade da sentença arbitral.

Assim, a relação do árbitro em eventual litígio envolvendo teletrabalhador e empregador não se identifica com a relação entre juiz e as partes em processo judicial trabalhista, embora ambas autoridades julgadores profiram decisão com aptidão para o transitar em julgado.

A legalidade do uso da arbitragem em contratos de teletrabalho foi assegurada pela reforma trabalhista, quando inseriu o artigo 507-A na Consolidação das Leis do Trabalho:

> Art. 507-A. Nos contratos individuais de trabalho cuja remuneração seja superior a duas vezes o limite máximo estabelecido para os benefícios do Regime Geral de Previdência Social, poderá ser pactuada cláusula compromissória de arbitragem, desde que por iniciativa do empregado ou mediante a sua concordância expressa, nos termos previstos na Lei no 9.307, de 23 de setembro de 1996. (Incluído pela Lei nº 13.467, de 2017)

Como visto anteriormente, o contrato de teletrabalho é um contrato individual de trabalho, portanto, o requisito básico para que seja arbitrável é a remuneração do empregado superior a duas vezes o limite máximo estabelecido para os benefícios do Regime Geral de Previdência Social.

Atualmente, o limite máximo estabelecido para os benefícios do Regime Geral de Previdência Social é de cerca de R$ 5.600,00; portanto, o teletrabalhador que pode se valer da arbitragem é aquele com remuneração mensal de cerca de R$ 12.000,00.

Pelo alto valor da remuneração, percebe-se que o perfil do teletrabalhador que pode se valer da arbitragem: altamente remunerado, portanto especializado, com alta qualificação técnica.

Em 10 de agosto de 2017, a revista Exame fez uma relação de 10 cargos que estão em alta no mercado de trabalho e fazem jus a altas remunerações, isto é, igual ou superior a doze mil reais:

1. Gerente comercial de empresas de tecnologia.

2. Gerente de cybersecurity

3. Gerente de marketing de performance.

4. Líder de inteligência de negócios e Big Data.

5. Cientista de Dados.

6. Diretoria Hospitalar.

7. Gerente de acesso em indústrias farmacêuticas.

8. MSL (Medical Science Liaison).

9. Gestor de marketing digital.

10. Business Development Manager na indústria química.

Pela descrição dos cargos, e pelos empregadores, no setor de serviços a área de tecnologia, a de segurança virtual, a de marketing digital e de saúde, no setor industrial a farmacêutica ou química, percebe-se que o perfil do empregado é altamente especializado tecnicamente.

Como visto anteriormente, muito destes cargos podem ser exercidos na forma de teletrabalho, devido à natureza intelectual da atividade e a necessidade dos recursos tecnológicos inerentes ao serviço. Portanto, apenas um grupo muito pequeno de teletrabalhodores fazem jus ao uso da arbitragem, os teletrabalhadores altamente especializados.

Deste modo, além da expertise no teletrabalho em si, é interessante que a autoridade julgadora tenha expertise no trabalho especializado que é prestado pelo teletrabalhador, por isso a arbitragem pode ser interessante, devido ao grau de especialização da forma de trabalhar e do trabalho em si.

Uma barreira comum ao uso da arbitragem é a distribuição dos custos da arbitragem e dos honorários do árbitro. Este problema é mitigado na situação do teletrabalhador altamente especializado porque ele também é altamente remunerado, portanto, a barreira econômica não é um entrava maior.

Outra barreira comum ao uso da arbitragem é a insegurança jurídica quanto à legalidade da opção arbitral, porém, a reforma trabalhista trouxe a segurança jurídica necessária.

Por fim, outro motivo para o uso da arbitragem para litígios decorrentes de teletrabalho diz respeito à escolha do lugar da sentença arbitral. Tendo em vista a distância entre empregado e empregador, a definição do local da sentença arbitral pode facilitar a execução do título executivo equiparado ao judicial, além de evitar que a distância seja um entrave ao acesso à justiça por qualquer das partes.

Neste sentido, podemos resumir os seguintes motivos pelo uso da arbitragem em litígios trabalhistas em matéria de teletrabalho: 1) a expertise da autoridade julgadora do trabalho altamente especializado; 2) a expertise da autoridade julgadora em teletrabalho; 3) a insegurança jurídica a respeito das normas regentes do teletrabalho; 4) a segurança jurídica da arbitralidade de teletrabalho com remuneração de cerca de 12 mil reais; 5) a inexistência de barreira econômica; 6) escolha do lugar da sentença facilitar eventual processo de execução e supera barreiras físicas atreladas à localização das varas do trabalho.

É importante deixar claro que a arbitragem não é possível em todo e qualquer contrato de teletrabalho. No capítulo anterior foi visto que a Consolidação das Leis Trabalhistas apenas protegeu quatro formas de teletrabalho: Teletrabalhador doméstico em tempo integral para um empregador; Teletrabalhador doméstico em tempo parcial; Teletrabalhador móvel e Teletrabalhador deslocado (centro satélite).

Dentre estes tipos de teletrabalho, a literatura especializada indica que apenas parte deles é objeto de mão-de-obra altamente especializada: o teletrabalhador doméstico em tempo parcial e o teletrabalhador móvel.

Portanto, apenas tipos restritos de teletrabalho podem ser objeto de arbitragem no caso de eventual conflito de interesses. Isso se revela em opção política do Legislador, que optou por permitir a arbitragem apenas para trabalhos muito bem remunerados, portanto, altamente especializados.

CONCLUSÕES

O teletrabalho e a arbitragem representem o futuro do direito trabalhista não só pela sua aptidão mais atualizada para a prestação de serviços e para resolução de controvérsias.

Eles também representam o futuro do direito trabalhista pela tímida regulação que receberam da reforma trabalhista que alterou certos dispositivos da Consolidação das Leis Trabalhistas.

Hoje a arbitragem em matéria de teletrabalho é um privilégio dos trabalhadores altamente especializados e altamente remunerados, uma pequena monta dos quadros de funcionários de qualquer empresa.

A extensão da arbitragem às massas não foi permitida pela reforma da legislação trabalhista, talvez pelo paternalismo jurídico do Legislador, o que não se justifica, porque no Brasil a arbitragem sempre é facultativa, nunca obrigatória, além do que existem diversos mecanismos legais de controle da validade dos compromissos arbitrais no caso de cláusula abusiva.

Por isso, esta tímida regulação que receberam a arbitragem e o teletrabalho pode ser apenas um experimento inicial do Legislador, para que o tempo revele resultados, que, se positivos, podem estender às massas a arbitragem em matéria de teletrabalho. A tímida regulação representa um experimento inicial de um futuro que pode chegar em breve. Além disso, a arbitragem em matéria de teletrabalho estendida às massas pode levar justiça onde não há vara do trabalho e emprego onde não há empresa, fruto da flexibilização do tempo e do espaço.

Precisamente a flexibilização do tempo e do espaço é o ponto em comum entre arbitragem e teletrabalho, por isso representam o futuro do direito trabalhista, em que se torna necessário regular o trabalho prestado em ambiente virtual e a aderência ao território pode se revelar numa deficiência da jurisdição.

REFERÊNCIAS

ALCOFORADO, Fernando. Globalização. São Paulo: Nobel, 1997.

ASSUMPÇÃO, Alzira Ramalho Pinheiro Problema de Gestão da Pesquisa Universitária em Ciência e Tecnologia.Rio de Janeiro: UFRJ-COPPE, 1996. Tese de Doutorado, Universidade Federal do Rio de Janeiro, 1996.

ATTIE, William. Auditoria : conceitos e aplicações. 2 ed. São Paulo: Atlas, 1984.

BAGOLINI, Luigi. O trabalho na democracia. Brasília: Editora Universidade de Brasília, 1981.

BAIENSE, Carla. Muito além do cartão de ponto. Jornal do Brasil, 1 de julho de 1997.

BELL, Daniel. O advento da Sociedade Pós-Industrial. São Paulo: Cultrix, 1973.

BERNARDI, Maria Amália. E se você começasse a trabalhar em casa. Revista Exame, Rio de Janeiro; 20 de julho de 1997.

BETTING, Joelmir. Sem saír de casa. O Globo. Rio de Janeiro, agosto de 1997.

BULGARELLI, Waldirio. Concentração de empresas e direito antitruste. 2 ed. São Paulo: Atlas, 1996.

BYTE - As suas informações estão seguras? Byte Brasil. São Paulo, p. 66, nov. 1997.

CALLENDER, Bob. Incentivo aos caixas eletrônicos. Management Informação e Conhecimento ara Gestão Empresarial. Rio de Janeiro, Ano 1, n.3, p.142, jul./ago. 1997.

CAMPANÁRIO, Milton de Abreu. A automação da informação tecnológica em instituições de pesquisa : Integração e Estratégia. Revista de Administração de Empresas. São Paulo. Vol. 34, n. 2, p.48, mar./abr. 1994.

CANEPA, Michael; Philip Shrives. A automação da auditoria. Management Informação e Conhecimento para gestão Empresarial. Rio de Janeiro, ano 1, n. 4, p.138, set./out. 1997.

CARUSO,Carlos alberto. Guia básico para projetos de segurança lógica de dados. São Paulo: Biblioteca, IBCB-1992.

CRAWFORD, Richard. Na Era do Capital Humano. São Paulo: Atlas, 1994.

DIMENSTEIN, Gilberto. Esta mudando o conceito de trabalhador eficiente. Folha
de São Paulo, 9 de novembro de 1997.

DRUCKER, Peter. Admirável mundo do conhecimento: uma organização
Baseada na Informação é Plana. Management, Informação e Conhecimento
para Gestão Empresarial. Rio de Janeiro, ano 1, n. 1, p.64-76, mar./abr. 1997.

DRUCKER, Peter: Drucker na Ásia. São Paulo: Pioneira, 1997.

ESCRITÓRIO em casa. Home-PC , São Paulo, n.4, maio 1995.

FIORA, Lúcia Helena. Vista o pijama e trabalhe em casa. Revista Informática
Exame, Rio de Janeiro, jun. 1997.

___________________. Confissões de um Hacker. Revista Exame-Infórmatica,
Rio de Janeiro, p.40, abr. 1997.

FORSEBÄCK, Lennart. Teldok 20 seconds to work, Home-based telework.
New York: The Teldok Board of Editors, Sweden, 1996.

GALLUPO, Ricardo. Afinal, para que servem as auditorias. Revista Exame,
Rio de Janeiro, mar. 1996.

GARRISON, William L., DEAKIN, Elizabeth. Travel, work, and
Telecommunications: A view of the eletronics revolution and its potential
impacts. New York: Transportation Research, n.4, 1988.

GASSET, José Ortega. Meditação sobre a técnica. Rio de Janeiro: Instituto
Liberal, 1991.

GIL, Antonio de Loureiro. Fraudes informatizadas. São Paulo: Atlas, 1996.

___________________. Segurança em informática. São Paulo: Atlas, 1994.

GOLZEN, Godfrey. Freelance: o desafio do trabalho autônomo. São Paulo:
Makbon Books, 1991.

GOMES, Laurentino. Thomas Traumann: procura-se gente para trabalhar.
Revista Veja, fev. 1997.

GONÇALVES, José Ernesto Lima, GOMES, Cecília de Almeida, Vasconcellos,

Heraldo. A tecnologia e a realização do trabalho. Revista de Administração
de Empresas, São Paulo, vol. 33, n. 1, p.106, jan./fev. 1993.

GOUVEA, Sandra. O direito na era digital. Rio de Janeiro: Editora Mauad, 1997.

HAKIM, C. "Homeworking in Britain", and Baran, B. "Office Automation and
Women's Work", Pahl, R. E. (Ed). On Work. New York: Black Well, 1988.

HANDY, Charles. Tempo de mudanças. São Paulo: Saraiva, 1996.

HANDY, Charles, Mike Johnson, AUSTIN, Claire. O futuro do Emprego.
Management Informação e Conhecimento para Gestão Empresarial. Rio de
Janeiro, ano 1, vol.2, p.64-78, maio/jun. 1997.

JUNIOR, Thomaz Wood. Mudança organizacional. São Paulo: Atlas, 1995.

JUNQUEIRA, Miriam. Contratos eletrônicos. Rio de Janeiro:Editora Mauad, 1997.

KINSMAN, F. The Telecommuters. New York: John Wiley and Sons, 1987.

KUGELMASS, Joel. Teletrabalho novas oportunidades para o trabalho flexível.
São Paulo: Atlas, 1996.

LÉVY, Pierre. As árvores de conhecimento. Revistas de Administração de
Empresas, São Paulo: vol.36, p.70, num 3 jul./ago./set. 1996.

__________. O que é virtual. São Paulo: Editora 34, 1996.

__________. A globalização dos siginificados. Folha de São Paulo. São
Paulo, dez. 1997.

MARTIN, Hans Peter. A armadilha da globalização. São Paulo: Globo, 1997.

MIGLIACCIO, Rubens Filho. Reflexões sobre o homem e o trabalho. Revista
de Administração de Empresas. São Paulo, vol. 34, n.2, p.18, mar./abr. 1994.

MORAES FILHO, Evaristo de. Trabalho a domicílio e contrato de trabalho. São
Paulo: Editora da Universidade de São Paulo, 1994.

MOTTA, Fernando C. Prestes. Organização e poder. São Paulo: Atlas, 1990.

NAISBITT, John. Paradoxo global. Rio de Janeiro: Campus, 1994.

NEGROPONTES, Nicola. As promessas da Era Digital. Management. Rio de
Janeiro, ano1, n. 2.p.130, maio-junho 1997.

NILLES, Jack M. Fazendo do Teletrabalho uma realidade. São Paulo: Futura, 1997.

AS OPERÁRIAS ficam em casa. Dados e Idéias. São Paulo, p.56, jul. 1995.

PINTO, Antônio Luiz de Toledo, WINDT, Márcia Cristina Vaz dos Santos.
Consolidação das Leis Trabalhistas. 22 ed. São Paulo: Saraiva, 1997.

PRODUTIVIDADE Movida a Bits. Exame-Informática, Rio de Janeiro, abr. 1997.

PURKISS, Clive. European Foudation for the Improvement of Living and Working Conditions. Luxembourg: Office for Official Publications of the European Communities, 1995.

RIFKIN, Jeremy. O fim dos empregos. São Paulo: Makron Books, 1995.

SOARES, Luiz Fernando Gomes, LEMOS, Guido, COLCHER, Sérgio. Redes de Computadores,Das LANs, MANs e WANs `as   Redes ATM. 2 ed. Rio de Janeiro: Campus, 1997.

SOLOMAN, Charlene Marmer . Como lidar com a nova geração de administradores: os Baby Busters. Revista de Administração de Empresas. São Paulo, vol. 34, n.2, mar./abr. 1994.

TACHINARDI, Maria Helena. Tecnologia, o vilão do trabalho não qualificado. Revista Gazeta Mercantil Balanço Anual. São Paulo, p. 22, 30/10/97.

TAPSCOTT, Don. Economia digital. São Paulo: Makron Books, 1997.

TAROUCO, Liane M.R. Redes de computadores locais e de longas distancias. São Paulo: Mc-Graw-Hill, 1986.

TOFFLER, Alvin. A terceira onda. Rio de Janeiro: Record, 1980.

TROPE, Alberto. Organização virtual: Impactos do Teletrabalho nas Organizações Burocráticas. Dissertação (Mestrado) PUC, 1997.

http://www.members.aol.com/telework/index.html;

http://www.ibict.br/ibict/conheca.htm

hhtp://www.penta.ufrgs.br/Liane/palestras/inforuso

http://www.gt-er.cg.org.br

http://www.clm.com.br

http://207226184.98/cgi-bin/AT-HandiLinkssearch.cgi/search=auditing

http://www.admi.net/min/law/#law

http://www.ires.it/public/guida.htm

http://www.mclink.it/telelavoro/ndlit/ichino.htm

http//www.centroatl.pt/ciberlei/index.html

http://www.rural-europe.aeidl.be/rural-pt/action/western.htm

http://www3.siii.pt/Teletrabalho/por/Default.htm

http://www3.siii.pt/Teletrabalho/por/info.htm

http://www3.siii.pt/pt/Teletrabalho

http://www.members.aol.com/telework/index.html;

http://www.eto.org.uk/resource.htm#links

http://www.Ciberteca.es/set/teletrabajo.htm

http://www.fita.it/telelavoro.htm

http://www.cc.utah.edu/~baa5815/telec.htm

http://www.bta.be/

http://www.pacbell.com/products/business/general/telecommuting/tcguide/tc-5.
html

ALMEIDA, Marcelo Cavalcanti. Um curso moderno e completo. 4 ed. São Paulo:
Saraiva, 1990.

ARAÚJO, Maria Eugenia Rodrigues. Modelo para análise custo x volume x
lucro com o auxílio do método Monte Carlo. Rio de Janeiro:
UERJ,
Dissertação (Mestrado em Ciências Contábeis) – Faculdade de
Administração e Finanças, Universidade do Estado do Rio de
Janeiro, 1997.

CAVALCANTE, Marcelo Almeida. Auditoria um curso modeno e completo.
5 ed. São Paulo: Atlas, 1996.

CONSELHO REGIONAL DE CONTABILIDADE. Curso básico de auditoria:
normas e procedimentos. São Paulo: Atlas, 1992.

ECO, Humberto. Como se faz uma tese. São Paulo: Perspectiva, 1977.

GIL, Antonio Carlos. Projetos de pesquisa. São Paulo: Atlas, 1991.

______________. Como elaborar projetos de pesquisa. São Paulo: Atlas, 1991.

______________. Segurança empresarial e patrimonial. São Paulo: Atlas 1995.

LAKATOS, Eva Maria, MARCONI, Marina de Andrade. Técnicas de pesquisa.
3 ed. São Paulo: Atlas, 1991.

MILITELLO, Kátia. A vingança do Mainframe. Revista Exame Informática. São
Paulo, abr. 1997.

ODENWALD, Sylvia, MATHENY, William G. Impacto global tendências
mundiais em treinamento e desenvolvimento. São Paulo:
Futura, 1996.

PEREZ JUNIOR, José Hernandez. Auditoria de demonstrações contábeis.
São Paulo: Atlas, [s.d.].

SALLES, Carlos Alcides, Marketing Global, Conceito ou Mito. Revista da
Administração de Empresas São Paulo, vol. 33, n. 4, p.32,
jul./ago. 1993.

SILVEIRA, Jorge Luis. Comunicação de dados e sistemas de Teleprocessamento.
São Paulo: Makron, McGraw-Hill, 1991.

SOARES, Angelo. Teletrabalho e comunicação em Grandes CPD's. Revista de
Administração de Empresas, vol.35 São Paulo: n. 2, mar./abr.
1995.

VIANA, Mateus Mosca. Fundamentos da informática para universitários.São
Paulo: Brasport, 1996.

http://www.cusco.pt - banco de dados de Portugal

http://www.sapo.pt - banco de dados de Portugal

http://www.aeiou.pt - banco de dados de Portugal

http://www.ole.es - banco de dados da Espanha

http://www.adminet.com - administração da rede Internet

http://www.adminet.com/world/index.htm - administração da rede Internet no
mundo

http://www.allcomm.com/ - banco de dados da Argentina

http://www.startel.com.ar/

http://www.telepac.pt/homepage/qsomos/quem.html

http://admroutes.asso.fr/index.htm

http://www.kalipso.iqm.unicamp.br/biblio.htm

http://www.automail.pt

http://www.indiana.edu/~audsec/mission.html

http://www.dei.isep.ipp.pt/DEI/use.html

http://student.dei.uc.pt/~analu/Paperless.htm

http://www.globaldialog.com/~morse/arevo/

http://www.viriato.pt/market/index/numeros/corr188.htm

http://www.eto.org.uk/

http://www.eto.org.uk/nat/de/index.htm

http://www.col.org/col.htm

http://www.tca.org.uk/

http//www.planete.net/~cslucki/news/nouveauts/liens.htm

https://exame.abril.com.br/carreira/estes-10-cargos-estao-em-alta-com-salarios-de-ate-30-mil-reais/

www.ingramcontent.com/pod-product-compliance
Lightning Source LLC
Chambersburg PA
CBHW051140250726
48655CB00007B/3156